Èl es el Espíritu Santo, nosotros donde habita

RITA ARIAS

ÉL ES EL ESPIRÍTU SANTO, NOSOTROS DONDE HABITA.
Autora: **Rita Arias**
Primera Edición

Diseño de la portada: Jen. G Art
Diseño interior del libro: Bará Art Design
Editora: Mary Ann Martínez
Publicado: 2019

ISBN: 978-1-5323-9619-9

Email: ritaariasministries@gmail.com
Clasificación: Testimonio, Espirítu Santo, Crecimiento Personal

Contenido

Dedicatoria

Este libro es dedicado a todos los profetas que han sido perseguidos, a los ministros que han pagado el precio y a todos los creyentes que no viven de apariencias, sino que sabiendo que son débiles no abandonan.

Dedicado a todos aquellos que le han hecho la guerra por ser íntegros a Jesús y a todos los que le cerraron las puertas por no vender la palabra. A los que ninguna institución los pudo comprar y a los que siguieron a Jesús y no a los hombres, aunque les costó. A los que jamás se vendieron ni vendieron la profecía.

A ustedes, remanente fiel, le dedico este libro. Son grandes porque jamás dejaron que aplastaran el testimonio de Jesús.

Les honro,
Su amiga, Rita Arias

Agradecimientos

Agradezco con todo mi ser a mi Padre celestial, mi Abba, por sostenerme y no abandonarme ni un minuto. Agradezco por mi salvación a mi dueño Jesús el Cristo y a mi compañía eterna, el Espíritu Santo, sin ustedes yo no podría vivir. Son mi aire, mi fuerza. La razón de mi existencia.

Gracias a mi familia, esposo e hijos. Los admiro, que sería de mí sin ustedes. A mi equipo, los más DUROS, gracias por estar y por quedarse, aguantamos todo porque "PODEMOS CON ESTO", Dios nos escogió.

Gracias a todas las iglesias que nos reciben y permiten que le sirvamos en nombre de Jesús.

¡Agradezco sobre todo! a la pastora Mary Ann Martínez, mi asistente y mano derecha. ¡DIOS QUÉ FUERTE SOMOS EN ÉL! Debemos hacer una enciclopedia llamada, ¡aprobadas!

A todos mis lectores, ¡gracias por leer de mis heridas y no repetirlas al aprender!, seguiremos escribiendo por ustedes y en arroz y habichuelas, como les gusta.

¡Los amo!
Profeta Rita Arias

Introducción

Mi primera experiencia con Él fue a los ocho años cuando su voz audible mencionó mi nombre. Desde entonces, estuve muchos años de mi vida buscándolo, hasta que Él me encontró a mí. Luego de ese encuentro mi vida cambió por completo. Siempre supe que había alguien mayor que aquello a lo que mi familia le servía. Yo sabía que era más grande porque lo sentía a mi lado.

Su compañía ha sido lo más hermoso que me ha pasado en la vida y cada lección aprendida me ha llevado a alcanzar un peldaño más en la travesía. Ya no hago lo que me agrada sino lo que le agrada a Él y es por esto, que mi vida ha sido una distinta a la que deseé naturalmente, he tenido que dejar de ir a lugares que mi carne anhelaba, separarme de gente que amaba y salir de lugares por obediencia, aun sin conocer el final del camino. La travesía ha sido larga y muchas veces dolorosa, sin embargo, Él ha permanecido fiel a mi lado consolándome, mostrándome el camino y llevándome de la mano. En muchas ocasiones deseé ser cualquier cosa (secretaria, abogada, cajera) mas no, esta alta responsabilidad. He querido huir lejos, pero su amor es más fuerte. ¡Me confieso, yo no se vivir sin Dios! No hay forma, ni pensarlo puedo.

Este libro está creado para ti que deseas su persona, Él te está buscando. Es por esta razón que tienes este manual de vida espiritual en tus manos. Es mi deseo que, a través de estas páginas, puedas llegar a conocerle y experimentar su amor, su presencia y compañía como yo lo he experimentado en mi vida. Posiblemente será un proceso de quebrantamiento pues Él es Santo, sin embargo, te garantizo que tu vida nunca más será igual. Descubrirás por qué no le conoces y lo que debes hacer para que Él te encuentre. Estas próximas líneas las escribo sin ningún temor y convencida de ello. Todos los que hemos tenido un encuentro con el Espíritu Santo, es porque así Él lo ha querido. Todos le llaman, todos pueden ser llenos, pero no todos logran tenerle de amigo. El desea a todos, pero no todos se dejan encontrar. Limpia la vasija (nosotros) y tendrás agua limpia (Él) dentro de ella.

Es un honor para mí presentártelo, Él es el Espíritu Santo, nosotros donde habita.

Profeta, Rita Arias.

1

¿Quién eres? ¿Quién soy?

El Espíritu Santo es la persona y esencia misma de Dios. Nadie puede conocer las profundidades de otra persona a menos que sea su misma sustancia. ***"Ahora bien, Dios nos ha revelado esto por medio de su Espíritu, pues el Espíritu lo examina todo, hasta las profundidades de Dios" (1 Corintios 2:10).*** Él es tan importante que las escrituras registran que hay perdón seguro para todos los pecados excepto para la blasfemia contra su persona. ¿Qué es blasfemia? Es un insulto o irreverencia hacia lo que se considera sagrado. Es la difamación del nombre de un dios. El término blasfemia proviene del griego *'blaptein'*, que significa injuriar, y *'pheme'*, que significa reputación.[1] En mis palabras la blasfemia es dañar la reputación del Espíritu Santo.

En ocasiones me he estremecido al escuchar personas que a la ligera dicen que Él dijo o mostró algo, sin Él haberlo hecho. No saben la realidad del texto en las escrituras sobre la blasfemia. Veamos como lo dice: ***"Por tanto os digo: Todo pecado y blasfemia será perdonado a los hombres; mas la blasfemia contra el Espíritu no les será perdonada. A cualquiera que dijere alguna palabra contra el Hijo del Hombre, le será perdonado; pero al que hable contra el Espíritu Santo, no le será perdonado, ni en este siglo ni en el venidero" (Mateo 12:31-32).***

Jesús es muy claro en este versículo, el Espíritu de Dios es Santo y no se le permitirá a nadie culparle de pecados, calumnias o adjudicarle datos que Él jamás habló.

Cuando venimos al conocimiento de quién es Él, podemos entender entonces cuan sencillos, pero a la vez poderosos, somos nosotros (más adelante sabrá porque somos poderosos en Él). La persona del Espíritu Santo es quien se conecta a ti desde el inicio hasta la eternidad. Desde Génesis 1:1, ha estado y seguirá estando eternamente en nosotros. El libro de los Salmos en el capítulo 139, nos aclara que no podemos huir de Él; si bajamos a lo más bajo, Él está y si subimos a lo más alto, Él está. No hay lugar donde el hombre pueda ir que Él no esté.

El Espíritu Santo es quien inspiró a los hombres a escribir las sagradas escrituras. Esta función no podemos pasarla por alto. Si hoy tenemos un manual de vida, el cual llamamos Biblia, que a su vez significa libros, es porque ya en ella teníamos un autor: ***"Porque nunca la profecía fue traída por voluntad humana, sino que los santos hombres de Dios hablaron siendo inspirados por el Espíritu Santo" (2 Pedro 1:21).***

Otro nombre por el cual se le conoce es el '*Ruaj*' o '*Aliento de vida*'. En la teología judía, el Espíritu Santo es llamado como '*Ruaj Hakodesh*', esto puede traducirse como el '*Aliento de Dios*' o '*Espíritu de Dios*'. Dicho Espíritu, es una personificación del poder creador y divino, a través del cual Dios participa en la creación y opera sobre ella.

Dentro de su persona tenemos al poder creador de Dios en Él, por eso oramos al Padre en el nombre de Jesús. Él, es quien valida la entrada a la presencia de Dios, pero su Espíritu acciona para que recibamos

(1 Corintios 12:10-11). Es por esta razón, que muchos no reciben, en primer lugar, porque no saben pedir y segundo, porque no conocen al que entrega los regalos (dones).

Uno de los elementos de nuestro ser es el espíritu, también llamado '*aliento de vida*' (de hecho, el término griego para espíritu es '*pneuma*', raíz que significa '*aire*'). El espíritu es el aliento de vida dado por Dios. Cuando el cuerpo inerte recibe este espíritu, comienza la vida; por el contrario, al momento de la muerte el espíritu abandona el cuerpo y regresa a Dios. Entonces, el espíritu es la fuente de vida y poder de todo ser viviente. En palabras simples, es lo que sostiene al cuerpo de pie. En el momento que pierdes ese aliento, dejas de vivir. Me pregunto cuantos parecen vivos pero no lo tienen a Él. ¿En verdad tendrán vida? Porque estar vivos no es lo mismo que estar viviendo. Hay quienes están vivos, pero en coma.

Se que tal vez, alguno de ustedes no esté de acuerdo conmigo en el próximo planteamiento, porque en ocasiones la religión se ha encargado de lacerar o colocar prejuicios en la mente de muchos cristianos, sin embargo, en el libro de ***Salmos 27:10***, está escrito lo siguiente: ***"Aunque mi padre y mi madre me dejaran, con todo, Jehová me recogerá"***. El Espíritu Santo no tiene sexo, esto lo faculta para poder acogernos como un padre o como una madre y consolarnos (no nos dejará), porque posee los atributos de moverse según nuestra necesidad. Si necesitas el afecto de una madre, Él estará listo; si necesitas un padre, también Él estará; si necesitas un amigo(a), Él es experto. Es por esta razón, que le pido que aleje sus pensamientos de prejuicio y se de la oportunidad de conocer al Espíritu Santo.

¿Quiénes somos nosotros para el Espíritu Santo? Somos su lugar de habitar. La palabra habitación, proviene del latín '*habitatio*' que alude al efecto de la acción de habitar y al lugar en que se habita o se mora. En general, usamos habitación para designar el cuarto donde se pernocta.[2] Habitación es un lugar íntimo y exclusivo. El Padre siempre ha buscado habitar entre su pueblo, sus hijos. ***"Y harán un santuario para mí, y habitaré en medio de ellos" (Éxodo 25:8)***.

Él es un ilegal en nuestro terreno, pero por nuestra condición de pecado, solo en Jesús le vencemos.

Nosotros somos donde Él habita. Explicaré esto dentro de un marco no muy grato, pero si muy válido. Satanás no tiene cuerpo; cuando fue arrojado del Santo Monte de Dios fue lanzado como espíritu. En el libro de Ezequiel 28:12-18, nos muestra claramente su descenso, aun cuando se compara con el rey Tiro hablando de su maldad y pecado. Nosotros fuimos creados para la tierra con identidad celestial, ***"Porque somos hechura de Dios, creados en Cristo Jesús para buenas obras, las cuales Dios dispuso de antemano a fin de que las pongamos en práctica" (Efesios 2:10)***. ¿Me entiende usted? Es por esta razón, que cuando escucho a muchos deseando ir al cielo, le pregunto al Señor, ¿será que desconocen que no permanecerán allí? Hay una tierra nueva donde pronto regresarán. Que encariñados están con el cielo, aún no entienden.

"Vi un cielo nuevo y una tierra nueva; porque el primer cielo y la primera tierra pasaron, y el mar ya no existía más" (Apocalipsis 21:1). Esto quiere decir, que fuimos creados para dos dimensiones, Satanás No. Abundo más; él fue creado para adorar y traicionó su posición, no la valoró, por eso la perdió. Él es un ilegal en nuestro terreno, pero por nuestra condición de pecado, solo en Jesús le vencemos. ¿Cómo Satanás puede operar en esta tierra si es un ilegal? Opera a través de nosotros, por eso usa nuestros cuerpos para llenarlos de sus influencias demoniacas y tratar de contradecir el plan de Dios en nosotros.

Veamos que dicen las escrituras: ***"¿Cómo te llamas? –le preguntó Jesús. Me llamo Legión –respondió-, porque somos muchos" (Marcos 5:9)***. Para él moverse necesita un cuerpo, el tuyo o el mío, si mantenemos una vida de pecado es a través de esta puerta que él opera. Es por eso, que las escrituras son claras cuando nos dicen: ***"Separados de mí nada podéis hacer" (Juan 15:5)***. Posiblemente me dirás, ok Rita, ¿qué tiene que ver esto con el Espíritu Santo? Pues es la misma situación, el desea un hogar, templo o habitación donde vivir y así poder ser manifiesto en la tierra a través de nosotros.

Mientras Jesús estuvo en la tierra solo se movió en ciertas ciudades, pero a través del Espíritu Santo nosotros podemos ser testigos en toda Judea, Samaria y los confines de la tierra. ***"Pero, cuando venga el Espíritu Santo sobre ustedes, recibirán poder y serán mis testigos tanto en Jerusalén como en toda Judea y Samaria, y hasta los confines de la tierra" (Hechos 1:8).*** Él, ya no es un ente individual, ahora es en todos nosotros. El Espíritu Santo no puede operar si en su habitación, casa o templo (o sea nosotros) hay otros inquilinos tales como: odio, rencor, falta de perdón, fornicación y adulterio, entre otros. Él es Santo, su nombre es puro, Él no habita donde hay inmundicia.

El Espíritu Santo no puede operar si en su habitación, casa o templo hay otros inquilinos...

Somos poderosos en Él, porque Él viene a morar en nosotros. Somos sencillos a la vez porque sin Él no tenemos nada. Somos importantes porque somos el lugar donde Él desea habitar; somos pequeños a la vez porque si Él no mora en nosotros, nada somos. El ministerio de Jesús, fue iniciado a los 30 años cuando Juan le bautizó y el Espíritu Santo descendió sobre Él en forma de paloma. Quien validó el ministerio de Jesús en la tierra fue la persona del Espíritu Santo.

2

¿Cuál es tu nombre?

Cada persona tiene un nombre, esto le da distinción y a la vez muestra sus funciones. Mi nombre es Rita Jackirys, pero soy esposa, madre, hija, hermana, tía, amiga, Profeta, Evangelista y Pastora. Además, fui estilista, secretaria en leyes y maestra, entre otras cosas. Yo tengo un nombre propio, pero me desarrollé en varias cosas; de igual forma ocurre con el Espíritu Santo, Él tiene varios nombres y atributos.

En el capítulo anterior, hablamos de Él como el 'Ruaj' y 'Aliento de vida', pero en este capítulo conocerás otros nombres atribuidos al Espíritu Santo y cómo cada uno de ellos tiene una acción al ser mencionados.

El Espíritu de Verdad (Juan 14:17; 15:26)- cuando conocemos que Él es la verdad, entendemos cuan llenos de propósitos podemos estar si le permitimos que Él more en nosotros.

El Espíritu del Padre (Mateo 10:20)- tenemos en Él quién nos defienda y hable por nosotros. Su voz es mayor.

El Espíritu (Mateo 4:1; Juan 3:6; 1 Timoteo 4:1)- su nombre de mayor distinción, el cual es nombrado cada vez que viene un movimiento poderoso y de cumplimiento.

El Buen Espíritu (Nehemías 9:20; Salmos 143:10)- una acción del Santo que se muestra como el que trae bendición en tiempo de dificultad.

El Espíritu Santo (Salmos 51:11; Lucas 11:13; Efesios 1:13; 4:30)- su nombre propio, el cual nos da identidad y existencia por Él; si en algún momento no sabes quién eres, recuerda que eres el hogar donde Él desea habitar.

El Espíritu Noble (Salmos 51:12)- Él nos sustenta con su nobleza.

El Espíritu de Profecía (Apocalipsis 19:10)- todo lo profetizado es movido por Él; palabra que recibas, boca del Espíritu que acciona.

El Espíritu de Adopción (Romanos 8:15)- somos hijos no somos huérfanos, tenemos derechos y herencia. Si tienes alguna necesidad clama a Él.

El Espíritu de Vida (Romanos 8:2; Apocalipsis 11:11)- no puede operar en ti la enfermedad, ni el quebranto; si lo creemos en Él tenemos vida física y espiritual.

El Espíritu de Cristo (Romanos 8:9; 1 Pedro 1:11)- el Espíritu de Cristo es quien venció a Satanás, nada ni nadie puede hacerte frente al tenerlo a Él. El poder de la cruz es en nosotros. ¡Amén!

Dios (Hechos 5:3-4)- no necesitamos nada más, pues tener a Dios es tener la máxima potencia en nosotros. El Espíritu, también es Dios.

El Espíritu de Revelación (Efesios 1:17)- nada te puede ser revelado acerca del Padre a menos que el Espíritu te lo revele.

El Espíritu del Hijo (Gálatas 4:6)- fue enviado a nuestro corazón, ¡qué bendición!

El Espíritu de Dios (Génesis 1:2; 1 Corintios 2:11; Job 33:4; 1 Pedro 4:14)- la misma esencia de nuestro Padre.

El Espíritu Eterno (Hebreos 9:14)- jamás dejará de ser, tenerlo es saber que nunca se irá.

Otros nombres son: El Espíritu de la Gracia (Hebreos 10:29), El Espíritu de Santidad (Romanos 1:4), El Espíritu del Señor (Isaías 11:2, 61:1; Hechos 5:9), El Espíritu de Sabiduría (Isaías 11:2; Efesios 1:17), El Espíritu de Juicio (Isaías 4:4; 28:6), El Espíritu Abrasador (Isaías 4:4), El Hálito del Todopoderoso (Job 33:4), El Consolador (Juan 14:16, 26; 15:26).

Con cada nombre tenemos una respuesta, con solo llamarle y desear su persona tenemos todo lo que necesitamos. Él es una persona, se contrista, se entristece y se apaga, ¿por qué? Porque tiene carácter propio. ¡Él tiene sentimientos!

Con cada nombre tenemos una respuesta...

Efesios 4:30 nos dice: "No contristéis al Espíritu Santo", contristar es: afligir, entristecer, causar dolor a alguien especial. ***1 Tesalonicenses 5:19 lo aclara: "No apaguéis al Espíritu"***, un verso corto pero que lo dice todo. Cuando apagas al Espíritu, se apaga tu poder y tu unción. No tenemos poder para detener al Espíritu y Santo, pero si podemos apagarlo dentro de nosotros. ¿Cómo lo apagamos? En Gálatas 5: 16-23 encontramos la respuesta. Lo contrario a las obras del Espíritu son las obras de la carne y todas ellas lo apagan.

Muchos creen que porque cometieron asesinato son los más terribles, sin embargo, la palabra dice que estar en pleito también apaga al Espíritu. Dios no mide pecados, para Él todos son lo mismo.

Debes saber quién es Él, sus nombres y sus atributos, para que puedas conocerle en verdad. ¿Por qué es urgente que le conozcas? Te diré porque: Él es quien nos enseñará y recordará todo de nuestro Salvador y Señor Jesús (Juan 14:26).

3

La verdad es el vínculo

Jesús dijo a sus discípulos: ***"Y yo rogaré al Padre, y os dará otro Consolador, para que esté con vosotros para siempre: el Espíritu de verdad, al cual el mundo no puede recibir, porque no le ve, ni le conoce; pero vosotros le conocéis, porque mora con vosotros, y estará en vosotros" (Juan 14:16-17).***

Ninguno que porte o practique la mentira podrá tener comunión con el Espíritu de verdad (2 Corintios 13:14). Él podrá venir sobre la persona, pero jamás podrá tener comunión con ella, pues el padre de toda mentira es Satanás. El Espíritu Santo no soporta la mentira ya que este es un espíritu contrario a Él.

¿Qué es tener comunión? Es tener aspectos en común, profesar la misma creencia; unión de dos cosas o personas.[1] Tener comunión con el Espíritu es mantener una relación profunda donde Él nos guía en todo; al punto de no movernos sin su voz, ni tomar decisiones sin su guía.

Debemos tener claro que una cosa es, Él sobre nosotros, Él en nosotros y Él con nosotros; parecen iguales, pero no lo son. Cuando Él está sobre nosotros viene a darnos una unción para una asignación específica, esto permite que la podamos cumplir. Él puede venir sobre usted sin tener comunión con usted. Cuando Él está en nosotros es una combinación de intimidad, comunión y relación. Está en nosotros cuando lo hemos aceptado, caminamos con Él y Él dirige cada paso de nuestra vida. El apóstol Pablo sabía lo que era esto, ***"Mas vosotros no vivís según la carne, sino según el Espíritu, si es que el Espíritu de Dios mora en vosotros. Y si alguno no tiene el Espíritu de Cristo no es de Él" (Romanos 8:9)***. Nadie puede escribir tal aseveración sino es porque tiene en él al Espíritu Santo; no podemos hablar tan confiadamente de alguien a menos que nos de autorización, pues de lo contrario sería demandable. Todo lo que de Él hablamos es porque Él nos lo permite. ¡Amén!

Él está con nosotros cuando le hemos recibido, entendido y nos acompaña a terminar cada mandato de Dios con efectividad. Pedro vivió esto en el libro de Hechos luego de que el Espíritu vino sobre él y estuvo con él. Pedro, una persona 'sin letra' o sea sin ningún tipo de preparación rabínica, se puso en pie y luego de predicar tres mil personas aceptaron la palabra y fueron bautizadas. No solo esto, Pedro menciona el libro de la ley dentro de su predicación cuando ya él había tenido un encuentro con la Gracia, Jesús. Utilizó la ley como referencia de lo que se tenía que cumplir. Además, mencionó a David y a Joel dejando claro que él sabía, por quién estaba siendo inspirado para predicar (Hechos 2:14-41).

El Espíritu Santo muchas veces venía sobre hombres de Dios para que realizaran la tarea que Dios les asignaba, pero no tenía comunión con ellos, y es importante mencionar esto para que nuestros ojos sean abiertos, veamos ejemplos.

"Y el Espíritu de Jehová vino sobre Sansón, quien despedazó al león como quien despedaza un cabrito, sin tener nada en su mano; y no declaró ni a su padre ni a su madre lo que había hecho" (Jueces 14:6). Note que la palabra Espíritu aparece en mayúscula, refiriéndose al Espíritu Santo, pero aquí el Espíritu no tenía comunión con Sansón; vino sobre él para darle la fuerza necesaria para cumplir su tarea, ya que recibimos poder cuando el Espíritu viene sobre nosotros (Hechos 1:8).

Todos sabemos que la vida de Sansón tenía mentiras y que, de cierto modo, falló a su asignación. Hago la observación 'de cierto modo', porque de todas formas terminó eliminando los filisteos, solo que su desobediencia lo hizo perecer con ellos.

Si no tenemos un encuentro real con Jesús la mentira no se irá de nuestras vidas ya que es un espíritu de engaño de los más viejos que existen y adverso a Dios. En el huerto de Edén vimos la mentira utilizada como una media verdad hacia Eva, manipulada por el portador de ella Satanás. La Biblia nos hace tener en cuenta lo importante que es poseer una relación genuina y real con Jesús, veamos lo que dice ***Juan 8:32: "Y conoceréis la verdad y la verdad os hará libres"***.

He visto cristianos mentir tan naturalmente que ni ellos se dan cuenta de las ataduras. La cultura latina tiene una alta incidencia de esta práctica ya que están formados para no asumir sus culpas, sino para responsabilizar a otros. Cuando rompes algo de niño por miedo a no ser castigado, dices que no fuiste tú; ya en ese momento comienza a desarrollarse esta cadena demoniaca que ensucia la verdad. De niña recuerdo escuchar a mis mayores decir: “Dile a tal persona que no estoy”. ¡Imagínese! Al ser una niña no podía desobedecer a un adulto ya que esto era un castigo seguro; al venir a Jesús y arrepentirme de esta práctica enseñada desde la infancia, procuré con mis hijos premiarlos por la verdad, por más dura, dolorosa, o terrible que sea, ya que la verdad libera y la mentira ata.

Un día orando le pregunté al Señor, ¿por qué esta persona que conozco no avanza y siempre está en la misma situación?, ¿por qué aunque va a la iglesia y no falta es como si tuviera un freno? Me contestó: “Su vida de mentiras le aparta de mi Santo Espíritu. Yo soy Santo, mi Espíritu es Santo, no puedo tener unidad con esta persona porque no renuncia a su práctica; miente siempre y se excusa o se defiende, cuando esa tarea me corresponde a mí. Soy buen Padre y sé defender a mis hijos, pero las personas mentirosas e hipócritas son una bomba de tiempo abominable para mí”.

La hipocresía es hermana gemela de la mentira.

La hipocresía es hermana gemela de la mentira. ***“Seis cosas aborrece Jehová, y aun siete abomina su alma: Los ojos altivos, la lengua mentirosa, las manos derramadoras de sangre inocente, el corazón que maquina pensamientos inicuos, los pies presurosos para correr al mal, el testigo falso que habla mentiras, y el que siembra discordia entre hermanos” (Proverbios 6:16-19).***

La palabra abominable es la acción de aborrecer, o sea despreciar un acto o persona que no se detiene ante una práctica constante. En el momento que Dios habló esto a mi vida, aprendí que para tener una amistad con su Santo Espíritu no podía tener nada que ensuciara esta relación. Aprendí a no dar excusas, aún cuando fallaba admitía que fallé y no me defendía de algo que sabía que no era culpable; el defendernos muestra culpabilidad y me percaté que haciendo esto la misericordia de Él me alcanzaría.

"El que encubre sus pecados no prosperará; mas el que los confiesa y se aparta alcanzará misericordia" (Proverbios 28:13). Cada vez que encubrimos o mentimos, nos perdemos de la misericordia; le explico, la misericordia nos sigue, pero al poner un obstáculo llamado mentira o excusa, hacemos con nuestra conducta que Él se aleje. Las excusas se dan cuando hay falta de carácter. Dios jamás le dará poder a alguien que no tenga carácter; el poder proviene de su Santo Espíritu y si no tienes carácter serás quien elimine la oreja de otro bajo excusas (Juan 18:10) y la oreja es vital para que entre la palabra de Dios (Romanos 10:17).

> ***Humillarnos no es doblegarnos es saber menguar para que Él crezca...***

Siempre serás juzgado por tus errores, pero jamás serás condenado por humillarte y asumir tus responsabilidades. Humillarnos no es doblegarnos es saber menguar para que Él crezca, Él es la verdad. Este término, verdad, procede del latín (verĭtas) y está asociado con la conformidad de lo que se dice, con lo que se piensa o siente.[2] En la Biblia también se refiere a Jesús como la verdad; Él mismo se llamó la verdad. ***"Jesús le dijo: Yo soy el camino, y la verdad, y la vida; nadie viene al Padre, sino por mí" (Juan 14:6).*** Es importante entender que, si Él se llamó a sí mismo la verdad y se dio este atributo, estaba dejando saber que alguien falso podría rodearnos y que debíamos escoger bien y saber quién era Él.

Debemos tener claro que, hay quien se viste de falsedad e imita lo que Dios trajo en sí para nosotros. El adversario no puede, ni tiene la habilidad para crear nada, así que toma lo que ya Dios creó y lo altera para su uso. Es por tal razón, que cuando recibimos una palabra, el que opera en el segundo cielo con sus huestes de maldad está pendiente a lo que Dios nos habla, para luego hacer obras y evitar así, que lleguemos al cumplimiento de esta palabra. Mas Dios no nos dejó desprovistos, Él envió a su hijo ***"Para deshacer las obras del diablo" (1 Juan 3:8)***.

¿Cómo podemos estar llenos de su presencia y tener comunión con el Espíritu Santo para poder combatir las artimañas del enemigo y todas sus maquinaciones? Teniendo una vida de verdad e integridad. Satanás no puede habitar en alguien que sea verdadero, pues él es completamente falso.

Una de las razones por la que la iglesia no ha permanecido en la relación con el Espíritu Santo y su constante llenura es porque tenemos un liderato altamente mentiroso. Llegan tarde al culto, porque se encontraron de camino con una congestión de tránsito; no llegan al culto de oración, porque los niños no se sentían bien; no se congregan, porque llegaron muy cansados del trabajo. Excusas y mentiras. Jamás puede habitar el máximo poder sobre alguien que no da prioridad a la verdad de Dios en él o ella.

¿De verdad deseas una relación con el Espíritu Santo?, ¿deseas ser su amigo y escucharlo? Hoy arrepiéntete y renuncia a todo espíritu de engaño, falsedad y mentira. Humíllate y ayuna, este demonio no se va fácilmente y sabe muy bien disfrazarse para permanecer operando en nosotros. Véncelo con la verdad, practícala y verás que al resistir al diablo de vosotros huirá. Amén.

¡Te ayudaré! Deseo hacerlo pues sé lo que cuesta, repite conmigo esta oración: Padre celestial, en esta hora me presento delante de ti por medio de Jesús el Cristo. Vengo a confesarte mi falta, mi iniquidad; Señor mira mi espíritu y ten misericordia de mi alma. Yo deseo que tu me permitas tener comunión y relación con el Espíritu Santo. Te lo ruego hoy, te entrego todo de mí y renuncio al demonio de mentira, engaño e hipocresía, que ha habitado en mí por tantos años. Hoy decido vivir en la verdad que es Jesús, no me excusaré más. Cuando te falle o falle a mi prójimo, asumiré mi responsabilidad y me humillaré ante ti Dios. Hazme libre, me declaro libre en el nombre poderoso de Jesús. Amén.

Si has hecho esta oración de corazón y quebrantado, prepárate a recibir visita esta misma temporada. Te irán a conocer. ¡Amén!

4

¿Eres el tercero?

Los seres humanos le asignamos números y posiciones a todo. Dentro de la matemática de Dios no existen números y tampoco posiciones, Él es y está en pasado, presente y futuro; se mueve en tiempo, espacio, temporada y eternidad. Como no está sujeto a nuestro tiempo (kronos) todo cambia en el espacio (kairos).

"Porque así dijo el Alto y Sublime, el que habita la eternidad, y cuyo nombre es el Santo: Yo habito en la altura y la santidad, y con el quebrantado y humilde de espíritu, para hacer vivir el espíritu de los humildes, y para vivificar el corazón de los quebrantados" (Isaías 57:15). Los números para Dios son simbólicos, es su forma de expresarnos un pensamiento o acción de forma que podamos entenderlo.

No necesariamente lo que para usted y para mí es un número posicional, para Dios lo sea. Por mucho tiempo se nos ha enseñado que el Espíritu Santo, es la tercera persona de la Trinidad. Aclaro que, aunque esta palabra no está en la Biblia de forma explícita, sí la encontramos de forma implícita. Siempre hemos hablado del Padre, del Hijo y luego (después más luego), del Espíritu Santo. Según la enseñanza, Él es el último, fue al que Jesús dejó; como si fuera la parte final del cuento.

Permítame llevarle por un recorrido que cambiará su forma de posicionarlo, de verlo y su forma de creer que Él es el tercero y el último de todas las cosas. ¿Qué tal si no es así? ¿Qué tal si hemos aprendido mal y es esto lo que nos ha hecho fracasar en muchas áreas de nuestra vida y ministerio? Según la prioridad que le damos en nuestra vida a una persona, es el orden de respeto y honra con la cual la trataremos.

Vayamos al primer punto; se encuentra en el libro de Génesis, el comienzo. ***"En el Principio..." (Génesis 1:1)***, se refiere a primer lugar; la tierra estaba desordenada y vacía (que dato más curioso que así estamos cuando el Espíritu Santo no ha venido sobre nosotros, desordenados y vacíos). Cuando damos lectura más adelante, el versículo nos explica que el Espíritu de Dios se movía sobre las aguas. Ya había una acción sobre el desorden y lo aparentemente vacío.

Antes de que las escrituras hablaran de Jesús el Salvador, nos presentan primero al Espíritu Santo como quien ordena y llena todo lo vacío. Es curioso que luego aparecen El Padre y el Hijo (la palabra) funcionando en cada detalle, mientras el arquitecto decía sea hecho (Génesis 1:3-31). Jesús era la acción que realizaba la palabra de Dios: ***"Antes de que todo comenzara, ya existía aquel que es la palabra. La palabra estaba con Dios y la palabra era Dios" (Juan 1:1 TLA)***. Siempre han trabajado y siguen trabajando juntos y a la vez. Al observar este orden de eventos nos damos cuenta claramente que Él no es la tercera persona, más bien es la primera.

> ***Según la prioridad que le damos en nuestra vida a una persona, es el orden de respeto y honra con la cual la trataremos.***

Deseo mostrarte algo más dentro de las escrituras. ***"No sabía yo quién era Él, pero Dios me dijo: Conocerás al que bautiza***

con el Espíritu Santo cuando veas que mi Espíritu baja y se coloca sobre él" (Juan 1:33 TLA). Juan necesitaba primero ver al Espíritu Santo sobre el Salvador, para así validarlo ante los hombres.

El entendió lo increíble de su persona en nuestra vida. ¿Por qué desean verle como la tercera persona, cuando Él siempre ha manifestado su presencia primero? Antes que el hombre ejecutara algún tipo de acción tenía primero que venir el Espíritu Santo sobre él. Lo vemos sobre Jesús (Juan 1:33) y sobre David (1 Samuel 16:13), entre otros.

Jesús fue llevado primero por el Espíritu al desierto para poder dar inicio a su ministerio. El mismo Jesús esperó primero por el Espíritu Santo. ***"Luego el Espíritu de Dios llevó a Jesús al desierto, para que el diablo lo tentara" (Mateo 4:1 NVI).*** Fue el Espíritu quien llevó a Jesús para ser probado.

Los discípulos tuvieron que esperar primero por el Espíritu Santo, antes de ejercer el ministerio que Jesús le había delegado. ***"Y estando juntos, les mandó que no se fueran de Jerusalén, sino que esperasen la promesa del Padre, la cual, les dijo, oísteis de mí. Porque Juan ciertamente bautizó con agua, mas vosotros seréis bautizados con el Espíritu Santo dentro de no muchos días" (Hechos 1:4-5). "Y fueron todos llenos del Espíritu Santo y comenzaron a hablar en otras lenguas, según el Espíritu les daba que hablasen" (Hechos 2:4).*** En todo, Él ha obrado primero.

Analizando yo con el Espíritu Santo me pregunto: ¿será por esto por lo que la iglesia no avanza, por tenerlo como tercero? Mientras el lugar de importancia en nuestra vida sobre una persona no sea el correspondiente jamás disfrutaremos ni valoraremos su compañía y tampoco tendremos el tiempo de calidad para conocerle. Jesús invirtió tiempo en la oración porque la misma lo comunicaba al cielo; Él sabía cuan importante es el Espíritu y le dio el lugar que merecía al decir: ***"Pero yo os digo la verdad: Os conviene que yo me vaya; porque si no me fuera, el Consolador no vendría a vosotros; mas si me fuere, os lo enviaré" (Juan 16:7).***

"Y yo rogaré al Padre, y el os dará otro Consolador para que esté con vosotros para siempre" (Juan 14:16). ¿A qué se refiere al decir otro? Hace referencia a Jesús quien es nuestro primer Consolador. El Espíritu Santo es igual de bueno, de noble, de poderoso, de amoroso, de amigo, en fin, de la misma sustancia que Jesús. En el griego la palabra '*allos*' significa otro de la misma clase que yo. Jesús nos amó tanto, que dijo: ***"En realidad a ustedes les conviene que me vaya. Porque sino me voy, el Espíritu que los ayudará y consolará no vendrá; en cambio si yo me voy, yo lo enviaré" (Juan 16:7).***

¡Léame bien! Como madre si tuviera que irme a realizar alguna asignación, yo jamás dejaría a mis hijos con cualquiera por más que le conociera; buscaría lo mejor, alguien que les cuide igual o mejor que yo. Entienda bien, Jesús buscó al mejor para que nos cuide y nos proteja. Hoy tienes dentro de ti una gran compañía, un gran cuidador, el mejor consolador, la persona más real que hayas conocido (Lucas 11:13-15). ¡Aleluya!

Pídele al Padre que te permita tener una relación tangible con el Espíritu Santo, verás como de tu interior saldrán ríos de agua y brotarán para vida eterna. Ahora bien, es necesario que lo esperes pacientemente porque en ocasiones llevamos años sin Él y pretendemos que llegue de inmediato, ten paciencia llegará.

5

¿Cómo te mantengo cerca?

Cuenta la historia de un hombre que sembró varias semillas, él las cuidaba y se dedicaba día y noche a verificar que todo estuviera bien. Al pasar las semanas sus plantas comenzaron a dar frutos, muchísimos frutos; él por su parte, les echaba abono, les dedicaba tiempo, les rociaba agua a diario, les cantaba y hasta nombres les asignaba. Estaba muy feliz, ya estaba disfrutando de los incontables frutos de sus cuidados.

Todas las tardes visitaba su granja con una canasta para recoger aquello a lo que él le había dedicado tiempo. En una temporada, el vio sus plantas tan verdes y tan bonitas que comenzó a dejar de cuidarlas como de costumbre, estaba muy seguro de que todo seguiría igual. Al pasar los días sus plantas comenzaron a secarse, el sol las marchitó, la tierra seca dañó sus raíces y sus frutos se perdieron. Aquel hombre tenía que comenzar de nuevo a arar la tierra, sacar los matojos, retirar las plantas muertas y buscar si quedó alguna semilla. Debía iniciar el proceso sabiendo que sería mucho más difícil ahora volver a levantar ese plantío.

Esto mismo sucede cuando hemos tenido una relación con el Espíritu Santo. El problema no es que Él llegue, la situación es mantenerlo con nosotros y hacerlo regresar cuando lo hemos apagado, entristecido o alejado. Muchos hemos experimentado su visita en persona. Sin embargo, la parte más difícil es mantener esta relación para que Él desee seguir teniendo comunión con nosotros y continué visitándonos. ¡Es muy difícil! Hay que honrarlo. Luego de conocerlo, te aseguro que si sabes esperar Él va a llegar ¡CRÉEME! Ahora bien, ten en cuenta y valora que Él pueda regresar a la habitación a hablar contigo.

> *El problema no es que Él llegue, la situación es mantenerlo con nosotros y hacerlo regresar cuando lo hemos apagado, entristecido o alejado.*

Pero ¿cómo hago que llegue?, ¿cómo me encuentro con Él? ***"Pues si vosotros siendo malos, sabéis dar buenas dádivas a vuestros hijos, ¿cuánto más vuestro Padre celestial dará el Espíritu Santo a los que se lo pidan?" (Lucas 11:13)***. Debemos pedirle al Padre que nos lo dé. Quizás me dirás, pero es que ya fue dejado por Jesús; recuerda que llenura no es lo mismo que relación. Tener comunión con Él no es lo mismo que ser bautizados por Él, y es aquí donde su pueblo pierde. Ser bautizado por Él es parte de los requisitos luego de aceptar a Jesús como único Salvador, pero la relación se da cuando conozcas quién es Él. Cuando le dediques tiempo y puedas acostumbrarte a Él, a su olor y a su presencia.

En muchas ocasiones, solo adorando a Jesús Él se hace visible de inmediato pues Él es quien revela el conocimiento de Jesús que aún no sabemos. Él tiene como responsabilidad que Jesús reciba la honra y el lugar que merece; Él es poderoso y no permite que Jesús sea olvidado. Él se asegura de que aquel que lo dejó sea siempre recordado como el gran Señor.

Muchas personas desean de Él una relación como relámpago, ¡aparece y ven ahora! Esto no funciona así y no debe ser así; tenemos que anhelarlo y desearlo, no su poder, sino su persona. ¿Cómo te sentirías si la gente te buscara solo para beneficio de algo que tienes para ellos? No es lo mismo que te busquen porque desean hablar contigo sin esperar nada a cambio. En ocasiones, me he sentido reprendida por el Padre, al abordarme me ha preguntado: "¿Vienes a hablarme o a pedirme?" Sí, mis lectores, así me ha recibido. El Padre desea que lo amen, que honren a su Hijo y que valoren a su Santo Espíritu, son quienes eternamente estarán para nosotros.

El descuido en nuestra oración e intimidad marchita nuestra relación. Muchas veces, he sabido ir al suelo solo para acostarme en sus pies y llorar; en otras ocasiones solo adorarle y en otras solo clamar por su amor. Sin pedir nada, cuidando que se sienta amado y deseado. No por lo que me pueda dar sino porque es mi Padre y soy su hija, porque Jesús es mi hermano y porque su Santo Espíritu es el mejor amigo que tengo. No se si a usted, pero cuando no he podido orar o no he podido intimar me desespero y me hace falta. Mi cuerpo se siente raro, me siento perdida. Es algo que no le puedo explicar, tenemos que cuidar de esta relación.

¿Usted me dirá cómo lo mantengo? Aparta una hora específica para Él (dato importante: siempre que escojas una hora para Él, todo el mundo querrá interrumpir. No cedas a la presión de los demás). Hazle saber que lo quieres al Él, no a sus obras o poder sino a su persona. Dile cuanto lo necesitas. Recuérdale que es tu sello y que sin Él no puedes.

Él siempre querrá llegar, pero nosotros somos quienes le hacemos permanecer o irse.

Cree que Él es. Pídele que te permita verle o sentirle, que puedas tener evidencia de que Él es sobre ti. Cada vez que Él viene hay una señal sobre los hombres. Pídele que te revele si lo has ofendido. Que te deje saber ¿cómo y dónde fue?, para que puedas arrepentirte ante el Padre por medio de Jesús. Adora a Jesús e invítale a estar a tu lado mientras le das alabanza. Da gracias por su persona y presencia en la tierra. Solo así mantendrás una relación hermosa. Pero sobre todas las cosas, no mientas, no peques, no hagas mal al prójimo y no vayas contra la iglesia y sus líderes, pues esto, lo alejará de ti. Él siempre querrá llegar, pero nosotros somos quienes le hacemos permanecer o irse.

Haz esta oración conmigo:

Padre en el nombre de Jesús, vengo reconociendo que eres Dios todopoderoso y que por medio de Jesús tengo vida. Creo lo que dice tu palabra y creo que me escuchas. En esta hora te pido que me des al Espíritu Santo y que podamos ser amigos. Necesito una experiencia de poder con Él, ayúdame a ser limpio de todo lo que de Él me aleje, te ruego en el nombre de Jesús, que desde hoy yo pueda sentirlo y escucharlo. Yo se que me contestarás y lo recibiré, en el nombre de Jesús, amén.

Anota la fecha, día y hora de esta oración ______________________
Anota aquí, el día que Él te respondió _________________________

6

¿Cuál es tu función?

Una de las funciones más importante del Espíritu Santo es convencer de pecado y juicio. ***"Y cuando Él venga, convencerá al mundo de pecado, de justicia y de juicio" (Juan 16:8)***. ¿Sabe usted lo que esto significa? ¡Wow! Esto es súper importante, sin esta acción no podríamos ir a Jesús. Él es quien nos advierte cuando vamos por el mal camino, quien nos ayuda a saber que estamos erróneos o en el lugar equivocado. El está en todo lugar. Salmos 139 nos declara, que no tenemos a donde huir de Él. El amor de Dios es tan insistente, que no nos deja quietos por amor y que solo desiste si nosotros no deseamos nada con Él.

En mi vida, he experimentado dolor al punto de creer morir, sin embargo, Él ha sido mi Consolador y añado, mi psicólogo personal. De niña, viví muchas tragedias y frustraciones, en varias ocasiones visité profesionales de la salud emocional para superar tanto dolor y en ocasiones tragedias. Pero al salir de cada cita era peor, me explico: ¿han leído que el don es irrevocable? ***"Porque irrevocables son los dones y el llamamiento de Dios" (Romanos 11:29)***. Aún cuando no estaba estable en el área emocional, Dios me permitió tener el don de consejo; esto es la capacidad para escuchar y aconsejar dentro del marco de Dios. Cuando acudía a las terapias terminaba siendo yo la terapista, escuchando a los psicólogos y dándole alternativas a su situación. Se que es poco creíble lo que escribo, pero así fueron mis experiencias. Mi sanidad vino totalmente a través del Espíritu Santo. Recuerdo que un día luego de una noticia terrible, le dije de rodillas: sana mi corazón, ayúdame a no dañarlo y a mantenerlo puro para ti. Rápidamente vino a mi mente un corazón azul, vi muy rápido las palabras en inglés *'A BLUE HEART'*. Inmediatamente supe que Él me escuchaba, comencé a decirle: los humanos tenemos el corazón rojo, almático, romántico, se enoja fácilmente, se hiere, guarda rencor y se irrita.

Las escrituras dicen que: ***"Es más engañoso que todas las cosas..." (Jeremías 17:9).*** Así que le dije: dame un corazón azul que se mantenga en ti, que no tome las cosas personales, que ame sin ver quién es y que sea muy sensible a tu voz para que el Espíritu Santo me pueda mostrar las profundidades de Dios. No pasó mucho tiempo de esta petición, cuando mi esposo me preparó una sorpresa por nuestro aniversario, me llevó de viaje (este tema también lo hablo en mi segundo libro *Mi Esposo cambió, cuando cambie yo*, pero desde otra perspectiva). Luego de llegar a nuestro lugar romántico, aunque emocionada, sentía mucho temor y agonía por el país que él había escogido para llevarme; no me sentía segura.

Mi esposo hizo un trabajo extraordinario para que yo me sintiera muy amada allí. Sí, era nuestro país natal, pero no me sentía parte de él. Mi niñez fue muy difícil, así que la mayoría de las memorias que tenía de mi país eran terribles. Desde que vi mi tierra desde el avión algo pasó dentro de mí, deseaba regresar a casa, pero ¿cómo decirle a mi esposo luego de tantos gastos y tanto cariño en los preparativos?

Comenzamos el turismo interno, nuestra ruta programada era al salir del hotel, visitar la familia de mi esposo y una parte de la mía. Esta no estaba localizada exactamente donde me crie ya que este lugar estaba a casi tres horas de donde nos estábamos hospedando. Utilizamos el 'GPS' para encontrar los lugares porque al salir de nuestro país ambos estábamos pequeños. No podíamos recordar muchos de los lugares y rutas. Esos días los habíamos pasado tranquilos. Justo el día que regresábamos de nuestras vacaciones, empacamos y nos dirigimos muy contentos hacia el aeropuerto.

Mi esposo colocó nuevamente el 'GPS' para que nos guiara al aeropuerto, sin embargo, estoy convencida que el Espíritu Santo tenía otro plan, quería sanarnos. De repente el 'GPS' nos notificó que existía una ruta alterna, donde sería más rápido llegar a nuestro destino. Como había mucho tráfico tomamos esta ruta alterna, hoy estoy convencida que el Espíritu Santo era nuestro 'GPS'. Al tomar la ruta alterna, pasamos frente a un hotel muy famoso. De repente mi cuerpo comenzó a temblar y un sentimiento de amor y gratitud brotó de mí. Aquel hotel con un letrero de color verde fue el lugar donde mi madre me había contado que permaneció en su luna de miel y donde posiblemente mis padres me concibieron.

Mi esposo al mirarme se percató de que algo pasaba y me preguntó si me encontraba bien. Recuerdo que le respondí: creo que en los próximos minutos entraré en una etapa de sanidad que jamás vi aproximarse. Él no sabía lo que yo estaba pasando, pero una vez que entramos por esas calles tan conocidas para mí en mi infancia, con lágrimas en mis ojos y sin poder contenerme le contaba: amor en ese hotel posiblemente mis padres me concibieron, más adelante entrarás por una calle donde está el colegio católico en el que estudié de niña y luego la casa aquella donde viví tantos malos recuerdos. En el momento no pude contener el llanto, pero le dije: es necesario amor debo sanar, no puedo tener temor de visitar mi país. Él solo se mantuvo con la mano al volante y acompañándome en la vía dolorosa que yo pensé que había recorrido y sanado.

Entienda algo, era imposible llegar a este lugar. Para que usted pueda tener una idea, teníamos que llegar al norte, desde el sur. El 'GPS' nos dirigió al área oeste, para luego terminar en el norte, ¿usted me entendió? Yo lo entendí después al escribir este libro, era la ruta más fácil para Él sanarme. No fue a mi forma, fue a la de Él.

Luego de salir de aquella comunidad donde pasé mis primeros doce años de vida, nos encontramos un semáforo y allí nos detuvimos. Pude observar a un caballero que vendía machetes (navaja muy grande y afilada), al verle comencé a reír sin parar, se que mi esposo pensó que estaría loca, aunque nunca me lo dijo, pero yo lo asumí por la expresión de su cara. Usted se preguntará ¿qué tiene que ver el machete con ella? En mi primer libro (*De la Nada en Su Presencia*) explico como mi abuela en mi niñez corría a mi abuelo con un machete cuando llegaba borracho. Así que ya sabe el por qué de mi risa, vino la película entera a mí. Aún escribiendo vuelvo y me río.

...lo que no enfrento, luego vendrá a enfrentarme a mí.

Deseo decirte más claro lo que el Espíritu Santo hizo, me hizo soltar todo equipaje viejo que me oprimía de dolor y tristeza y que no me permitía disfrutar de mi tierra. Me hizo pisar cada lugar de dolor para que viera que lo que no enfrento, luego vendrá a enfrentarme a mí.

Luego de que pasaron los minutos donde Él me hizo llorar para limpiar mis memorias y recuerdos, comenzó la parte que Él más disfruta, el gozo. ***"Jehová está en medio de ti, poderoso, Él te salvará; se gozará sobre ti con alegría, callará de amor, se regocijará sobre ti con cánticos" (Sofonías 3:17).***

Él trajo recuerdos negativos y los convirtió en pura risa, me enseñó que de las malas experiencias podemos hacer papelitos de colores llamados 'CONFETTI'. Sí, si usted me conoce o ha interactuado alguna vez conmigo sabrá de lo que hablo. Al llegar al lugar donde cenamos antes de abordar el avión ya no era la misma, deseaba salir caminando a todos lados las pocas horas que me quedaban. Mi esposo notó el cambio pues días antes yo no salía del hotel. Solo salimos a casa de sus familiares y deseaba regresar de inmediato. Si necesitaba algo le decía a él que fuera, no deseaba salir. Luego que el Espíritu me consoló y me sanó de mis memorias pasadas, deseaba volver y poder ayudar a mi tierra.

El Espíritu Santo tiene varias funciones, una de ellas es que nos redarguye. Ningún ser humano debe intervenir cuando Él está obrando pues nadie puede cambiar al hombre; quizás puede influenciar, pero jamás cambiar, esa es solo obra del Espíritu Santo. Cuando desees ver cambios en alguien no lo hagas tú, pídele al Padre en el nombre de Jesús que su Espíritu le encuentre y créame que Él lo cambiará.

El Espíritu Santo nos guía: ***"Él nos guía a toda verdad..." (Juan 16:13)***, es dirigido por el Padre y nos habla todo lo que oye, es ese amigo que nos enseña para que conozcamos la voluntad del Padre. El Espíritu Santo revela: ***"Pero Dios nos la reveló a nosotros por el Espíritu; por que el Espíritu todo lo escudriña, aun lo***

profundo de Dios" (1 Corintios 2:10). Si tienes una relación con Él sabrás cosas que otros no saben. Él revela todo, nos muestra lo que ha de pasar antes y nos da instrucciones para la salida después. Él es tan grande que nuestra mente jamás podrá entenderlo a plenitud.

El Espíritu Santo nos enseña las profundidades de Dios; muchos quieren revelación mas no han recibido al Espíritu Santo. Nadie más cualificado que Él para que nos muestre lo más profundo del cielo y nos revele todo acerca del reino. El Espíritu Santo dirige la iglesia; esta fue fundamentada en un hombre, Pedro, pero para ser guiada por Él. Es el Espíritu Santo quien todo lo ordena y lo llena, quien bautiza y entrega los milagros y quien operó en Jesús con poder. El Espíritu Santo da poder a la iglesia. No existe ninguna acción de poder en la tierra que provenga del cielo, que no involucre al Santo Espíritu de Dios. No la hay, no existe, desde Génesis hasta Apocalipsis vemos al Espíritu operando como dinamita sobre el hombre. Muchas veces decimos que queremos su poder y no sabemos que si todo lo que Él es viene sobre nosotros, nos mataría. Él es dunnamis. Es tan grande su poder que ordenó la tierra junto a la palabra de Dios. Él se movía sobre ese caos.

El Espíritu Santo, es tu sanador, quien te da gozo, quien te llena de poder, quien nos ayuda a predicar, quien nos da los dones para sanar, quien nos revela de Jesús, quien nos acompaña, quien seca nuestras lágrimas. Él es el amado de nuestro corazón y quien llora por nosotros cuando no podemos orar, ***"Pero el Espíritu mismo intercede por nosotros con gemidos indecibles" (Romanos 8:26).*** ¿Cómo vivir sin Él? No podemos. Él es el Espíritu, el Dios. Damos Gloria al Padre...

7

No es de afuera, es de adentro

"El que cree en mí, como dice la escritura, de su interior correrán ríos de agua viva" (Juan 7:38).

Muchos nos escriben y se han acercado preguntándonos, ¿cómo puedo conectarme con el Espíritu Santo? ¿Por qué le llamo, le ruego y nada pasa? Siempre que me preguntan eso respondo con esta pregunta: ¿Dónde vive el Espíritu Santo?, ¿sabías que está adentro y no afuera?, ¿sabías que es de tu interior que brota el poder del Espíritu?, ¿sabías que cuando le llamas afuera su manifestación y verdad será dentro de ti? Es en ese momento donde veo los rostros de duda y desconocimiento.

En el capítulo 7 del libro de Juan, el mismo Jesús nos da una gran señal para recibirle, nos dice: "Al que tenga Sed". Lo primero que debes saber es que tienes que tener necesidad de salvación para que venga el Consolador. Necesitas desear un cambio en tu vida para que puedas experimentar el cielo en "tu tierra". No puedes tener una experiencia con el experto (el que está para llevarte a los pies de Jesús y el que convence de pecado) a menos que haya un real arrepentimiento en tu vida. Él está dispuesto a habitar en ti, a tener una relación de amistad contigo, a ser la primera voz que escuches en la mañana y la última en la noche y ser quien te diga este es el camino correcto o por acá no debes caminar. Su voz es dulce; sus caricias son inexplicables, no hay voz que contenga tanta paz como la del Espíritu. Jamás he experimentado un nivel de amor tan grande con una sola caricia.

Cuando siembras un árbol el cuidado a la tierra es importante, pero aún más cuidar la semilla que está adentro. Nadie ve la semilla, pero al momento de florecer se hace evidente. Es como nos dice el libro de Mateo en el capítulo 6: "Cerrada la puerta... ", lo que se siembra en la intimidad florece en presencia de otros. Tu relación con el Espíritu debe ser una tan privada que se haga pública al momento que lo llames. Muchos profesan su relación con el Espíritu en público; lo llaman amigo o su guía, pero jamás han experimentado el poder de su presencia. Hay evidencias de manifestación, pero la evidencia de tenerlo es mucho más que hablar en lenguas. ¡Es mucho más!

> ***Tu relación con el Espíritu debe ser una tan privada que se haga pública al momento que lo llames.***

Dios desea que tengamos comunión con su Espíritu mientras Él regresa (Juan 14:16), Él sabe que tener la esencia del cielo dentro de nosotros nos ayudará a soportar los tiempos venideros, sobre todo a saber cuán poderosos somos en Él. Para hacer mayores obras que Jesús, debemos tener la misma esencia que Él y quién más que su Santo Espíritu. Si a menudo usted habla con el Espíritu desde afuera, déjeme decirle que está gritando. ¡Sí, gritando!, pues no se le habla tan fuerte a lo que se tiene de cerca. Muchos le gritan, lo llaman y Él simplemente está apagado dentro de personas que no saben que lo cargan, que somos su hábitat.

Nosotros nos hemos enfocado en ver su acción, mas no su presencia. Queremos ver su poder y fluir, mas no su rostro. Sin embargo, el Espíritu es quien te acerca a Jesús, es quien te sostiene en la oración, es quien te habla lo próximo de Dios. Él se mueve en la profecía, en la sanidad, en los milagros, en la conversión de las almas; es experto en ordenar lo vacío y desalineado, es nuestra llave maestra en la tierra y nos da los dones que habitan en Él (1 Corintios 12:4). ¿Me entendió? Es decir, que tener dentro de nosotros su presencia es tener su poder y además saber cómo opera el cielo en lo sobrenatural.

Nosotros nos hemos enfocado en ver su acción, mas no su presencia.

Muchos entienden que un gran milagro es un paralítico estar de pie, sin embargo, un gran milagro para el cielo es ver almas aceptando a Jesús, pues para eso se ofreció al cordero inmolado. Con este gran regalo viene un paquete de bendición: acceso al Padre, ser la habitación del Espíritu Santo y la vida eterna. ¡Qué gran Noticia verdad! Solo por aceptar a Jesús, su Espíritu vendrá a morar de inmediato dentro de ti. Recuerda amado lector no es de afuera es de adentro, no busques afuera lo que vive dentro de ti.

Te invito a realizar esta oración:

Padre Celestial, te ruego que me ayudes a poder escuchar la voz del Espíritu Santo dentro de mí. Silencia toda voz que me confunda y tergiverse mi comunicación con Él. Ayúdame a ser abierto a tu voluntad. ¡Ayúdame Señor!, guíame conforme a tu plan, permíteme ser un gran hogar para tu Espíritu y tener espacio disponible para la llenura de tu presencia en mí. Perdóname si he ocupado el espacio de tu Espíritu con otra cosa, hoy te entrego todo mi ser. En el nombre de Jesús, amén.

8

Fuego, agua, viento

Es impresionante conocer los componentes del fuego. ¿Qué cosas son necesarias para ver un incendio en acción? Según los estudiosos los elementos son: combustible, oxígeno y calor.

Cuando observamos estos componentes es sorprendente ver que el Espíritu Santo es Ruaj, Dunamis y Soplo. Él es mucho más que un incendio, mucho más que el agua y mucho más que un gran viento; aunque dentro de Él están todos estos componentes. No es fuego, pero calienta; no es agua, pero sacia; no es paloma, pero es sensible; no es viento, pero causa estruendos. Él es mucho más que aquello que le representa.

Lo primero que hace el proceso del fuego luego de consumir es limpiar. Jesús mismo afirmó lo importante del bautismo en agua y fuego (Mateo 3:11). Todo lo que es sometido al fuego pasa por varios procesos: cambia de color, se depura, suelta toda impureza y solo queda su extracto; aquello que en medio de este ciclo pudo permanecer. Cuando el Señor nos pasa por fuego desea que sea manifiesto solo su poder en nosotros. Él quiere eliminar toda impureza que arrastramos de nuestra generación, de nuestra pasada vida, nuestras costumbres y malos hábitos. Anhela que seamos limpios de costumbres incorrectas, de crianzas mal diseñadas y de maldiciones generacionales. El fuego es experto en acabar con esto. El fuego también identifica lo que tiene valor. El oro (uno de los metales más costosos) es probado en el fuego (1Pedro 1:7). El oro entra al fuego duro, áspero y sin forma, luego es aquello que adorna palacios, pactos (matrimonios) y un sinnúmero de aspectos valiosos en el mundo. Al final del horno y del proceso que Dios permite que pasemos como el oro, daremos gloria a Dios por sus grandezas.

El Espíritu Santo es la persona que permite que seamos cambiados a medida que nos relacionamos con Él. Como Él es Santo, requiere nuestra santidad (estar apartado solo para Dios), permanecer en Él y ser consistentes. Recuerde que Él es el Espíritu Santo de Dios, su fuego nos purifica y nos hace merecedores de su compañía. Nos hace brillar a través de su pureza y nos convierte en luz en medio de las tinieblas.

El agua es un componente que hidrata. Este componente tan importante se encuentra en el cuerpo del ser humano, de hecho, es el mayor componente. Se ha comprobado que el ser humano puede vivir sin alimentos por varios días, pero no sin agua. Según revelan los científicos, el cuerpo humano está compuesto de 60 por ciento de agua, el cerebro de un 70 por ciento, la sangre de un 80 por ciento, y los pulmones de un 90 por ciento. El agua nos hidrata, nos sostiene, mantiene la piel y rehabilita los órganos.

En muchas ocasiones cuando he terminado de ministrar, he quedado muy débil físicamente luego de una larga jornada (sinceramente no soy amante del agua, pero al escribir esto comencé a tomarle cariño). Dios me ha regalado el privilegio de tener dentro de nuestro equipo a una enfermera y terapista;

> *El Espíritu Santo es la persona que permite que seamos cambiados a medida que nos relacionamos con Él.*

así que cuando he estado débil con solo colocarme un suero siento como mi cuerpo se recompone inmediatamente. Cuando estamos en el proceso de avance en el evangelio, su Santo Espíritu es aquel que nos sostiene y nos permite seguir sin desgastarnos. No solo es nuestra fuente de vida, sino que también es aquello que brota de nosotros. Somos sus manantiales. Cuando estás lleno del Espíritu puedes dar a otros y ofrecerles en Jesús la misma esperanza que tienes. Recuerda, Jesús le ofreció a la samaritana lo que Él llevaba por dentro, agua de vida que brota para vida eterna (Juan 4: 13-14). ¡Qué hermoso!, Él es todo lo que tu cuerpo necesita.

¿Cómo puedes pasar momentos difíciles sin el Espíritu Santo? ¿Cómo puedes avanzar si te falta el agua que te permitirá renovarte? Debes ir hoy a la fuente otra vez, se llama Jesús. Reconoce que llevas temporadas lejos de Él y sin relacionarte, ruégale al Padre que te permita relacionarte con su Espíritu para que vuelvas a vivir en Él.

Cuando estás lleno del Espíritu puedes dar a otros y ofrecerles en Jesús la misma esperanza que tienes.

Vamos repite esta oración conmigo:
Mi Señor, se que te he fallado aun siendo cristiano; he estado lejos, he estado apartado(a) de tu presencia. Hace tiempo no leo el libro que me sostiene con vida, la Biblia. No ayuno ni estoy en tu presencia como se debe. Mi Señor, yo me arrepiento con todo mi corazón, me arrepiento de todo esto que me ha alejado de ti. Dios mío límpiame, lávame, satúrame con tu presencia y por favor no me dejes solo. No permitas que tu presencia se aparate de mí. Necesito al Espíritu Santo para conocerte más, lo necesito urgente. En el nombre de Jesús. Amén.

El elemento del viento es uno de los más misteriosos ya que no sabe de dónde viene y menos a dónde va. Es traslúcido, pero se puede sentir. Este se lleva todo lo que está demás a nuestro paso y produce orden.

Aquello que estaba muerto toma vida a su soplo, a su pasar; a su visita, lo que estaba en abandono toma compañía. En el relato del capítulo 37 del libro de Ezequiel, lo que había era desorden y muerte, sin embargo, su poder ordenó todo.

En los primeros capítulos del libro de los Hechos, nos relata que luego de los discípulos esperar se sintieron solos, escondidos, aparte. Pero vino sobre ellos su viento y fue tan fuerte que varias versiones lo registran como un estruendo que cambió su lenguaje, su modo de pensar y les dio valor para predicar, pero sobre todo les dio su compañía. ¡Qué hermoso! Le dio su persona, su hermosa compañía. ¡Aleluya! No hay forma de no agradecer a Dios por tal persona.

Cuando viene un huracán a nuestra tierra, ciertamente es algo preocupante y desastroso, pero déjeme decirle, que cuando la tierra está muy caliente es precisamente un ciclón o huracán lo que produce el enfriamiento. Luego del huracán los árboles renuevan sus raíces, hojas, la tierra se hidrata y se pierde todo lo viejo (sean estructuras o exceso de equipaje); es un fuerte viento girando en una misma dirección organizado. Sí, los huracanes son organizados, pueden traer caos y limpieza a la vez. Así es el Espíritu en nosotros. Produce un caos positivo; el que mentía, no miente más; el que pecaba, deja de hacerlo; aquel que tenía doble vida, a su toque se endereza; quien odiaba, ahora ama; quien vivía en dolor, ahora vive en gozo. ¿Has notado personas que antes eran amargadas y al tener una relación con Dios cambian? Es su Santo Espíritu que los limpia y cambia su lamento en baile, ¡Aleluya!

Él es experto en consumir con su fuego lo impuro. En calmar tu sed y convertirte en fuente; en darte poder y valor, solo con su soplo. Él es más que sus elementos mucho más. Su persona sabe tocarnos de diferentes formas. Tanto nos ama Dios que nos regaló esta hermosa promesa eterna.

9
¿Siempre estarás?

Si existe algo indudablemente real es el tiempo que inviertes en lo que verdaderamente amas. La mayoría del tiempo no le damos valor a lo desconocido. No amamos aquello que no conocemos y en ocasiones perdemos la oportunidad, por no atrevernos a descubrir aquello que hay más allá, sea persona, estudios o sueños.

Lo que realmente ha pasado en la iglesia, en esta ocasión refiriéndome al Espíritu Santo, es que no le conocen. Piensan que Él solamente hace que las personas se sacudan o que hablen en lenguas, sin embargo, es más que eso; no están claros de su persona y mucho menos conocen que Él siempre ha estado y siempre estará. Es por esta razón, que no valoran quién es Él y quien siempre será.

> ***Si existe algo indudablemente real es el tiempo que inviertes en lo que verdaderamente amas.***

Permíteme hacerte una pregunta, si de repente te dijeran que debes vivir con alguien que tus padres designaron para velar por ti toda una vida y más allá, ¿te importaría conocerle?, ¿quisieras saber qué le gusta?, ¿qué le hace feliz?, ¿te gustaría saber cómo conservar a este protector a tu lado y mantener una hermosa relación con él? Entiendo que sí, es lo más lógico.

Cada rey o gobernante que tiene autoridad heredada o delegada tiene un protocolo de protección para su vida y se le asigna un guardaespaldas. De igual forma ocurre con nosotros desde el cielo. A este guardaespaldas hay que respetarle, pero también conocerle muy bien. Es este quien tiene autoridad de proteger al mandatario o puede decidir dejarle solo(a) para que no cumpla su propósito. Este guardaespaldas entra a los lugares más recónditos del palacio, conoce los gustos de aquel que cuida y también sus malos momentos. Conoce quién es verdadero y quién no lo es. Está cerca de aquel que debe cuidar, conoce que días y horarios puede salir, por donde le conviene salir y por donde no. Esta compañía o guardaespaldas es fiel, solo con el único motivo de proteger a quien le delegaron. De la misma forma hace el Espíritu Santo de Dios en nosotros, nos guía, nos dirige, nos habla, nos muestra el camino, nos introduce en la voluntad segura y perfecta en Dios. La situación es, que aún teniendo este regalo los creyentes no abundan en ir más allá de solo decir, sí, yo conozco al Espíritu Santo; frase que carece de tiempo e intimidad en muchos casos.

Al principio te pregunté: ¿te gustaría conocer a aquel que es tu guardaespaldas, cuidador y al albacea que está a cargo de ti?, ¿sabes por qué te pregunto? Porque la iglesia piensa que el Espíritu Santo es solo para la tierra y que no le verá más al ser levantada por Jesús. La novia desconoce a su coordinador de bodas y déjame decirte que una boda sin coordinador seguramente será un desastre. Por años se nos ha enseñado que Él solo está aquí para darnos ríos de agua viva, poder, fuego y que seamos conocidos por los dones que nos da. ¡Qué erróneo es esto! Muchos viven como si Él solamente funcionara así y desconocen que Él siempre estará. No solo vivirá aquí con nosotros, sino que Él será por la eternidad; Él es quién nos identifica como hijos de Dios. Él es nuestro sello (Efesios 1:13-14).

Todo imperio, compañía, ministerio y empresa, tiene su logo. Su sello es aquello que lo identifica. Nuestro ministerio tiene como sello (logo) una paloma envuelta en aceite y una llama de fuego. Esto tipifica lo que es nuestro ministerio (GPE, Guiados Por su Espíritu). Existen muchos logos, pero cada uno se identifica de forma diferente. Cada uno tiene colores distintos entre sí. No importa dónde nos movamos, saben identificar nuestro ministerio, darle respeto y saber a quién pertenece el mismo o sus funciones. Entienda lo que trato de explicarle, el Espíritu Santo estará eternamente con nosotros, aun en el nuevo cielo y la tierra nueva que vendrá (Apocalipsis 21:1). ¿Cómo pues no conversaremos o nos relacionaremos por la eternidad?, ¿cómo hemos perdido tanto tiempo? Todo esto ha pasado por el desconocimiento de Él.

Conozco personas frustradas, amargadas, que siempre están en discordia y no tienen paz porque su acompañante de vida (su guardaespaldas espiritual) no tiene comunión con ellos. No les habla o les susurra porque no se han interesado en conocerle, en mirarle, en hablarle, pero sobretodo en darle valor.

> ***Todavía Dios no había creado al ser humano y ya Él se movía.***

En Génesis todo comenzó con Él. Todavía Dios no había creado al ser humano y ya Él se movía. Él buscaba dónde habitar y esperó las instrucciones del Padre para penetrar al cuerpo humano hecho del polvo, y con su existencia y hábitat en nosotros, producir vida. Luego lo vemos a través del Antiguo Testamento dando poder y valor para ejecutar las ordenanzas de Dios; hablando a través de una mula para redirigir al profeta Balaam; liberando a Saúl de los demonios con las canciones de David; dirigiendo a la reina Esther a través de su sirviente para que escogiera el atuendo correcto antes de ver al rey; mostrándole al Profeta Joel cómo sería su entrada triunfal en el Nuevo Testamento. Fue este, quien llevó a Jesús al desierto para ser tentado por el diablo, ¿qué te parece?

Él sabe quienes somos con Él y nos deja por momentos esporádicos en el desierto para demostrar que solo a Dios adoraremos, ¡qué Poderoso verdad! Él cree en nosotros tanto, pero tanto, que escogió morar en nuestro cuerpo, escogió ser íntimo con nosotros y que fuéramos su morada, ¡qué increíble! Él pudo quedarse moviéndose sobre la faz de la tierra como al principio, ¿recuerdas? Sin embargo, está con nosotros y en nosotros, ¡qué hermoso es Él!, y que bueno es el Padre que así lo decidió de antemano (Efesios 2:10).

Mi deseo en este capítulo es crearte hambre de conocer más de su función en la tierra, aún más de lo conocido por la iglesia. Deseo que puedas entender que Él es por ti, pero también es quien te representa espiritualmente.

En el libro de Romanos, Dios habla de los que son guiados por su Espíritu y los que son guiados por la carne: ***"Por cuanto los designios de la carne son enemistad contra Dios; porque no se sujetan a la ley de Dios ni tampoco pueden. Los que viven según la carne no pueden agradar a Dios" (Romanos 8:7-8).*** Los que no andan según la carne tienen evidencia mayor y de poder, son guiados por el Espíritu Santo. La diferencia de los que caminan con Él y los que son guiados por la carne es muy notable. La Biblia es clara, los que caminan con Él son llamados hijos de Dios. ***"Porque todos los que son guiados por el Espíritu de Dios éstos son hijos de Dios" (Romanos 8:14).***

Me gustaría que hagas una autorreflexión, ¿cuántas veces has hablado con Él?, ¿cuántas veces le has preguntado a Él antes de actuar?, ¿cuánto tiempo le dedicas?, ¿te has preguntado qué le gusta? ¿Qué tiempo llevas de relación con el Espíritu Santo?, ¿cuándo fue la fecha en que te bautizó de su persona?, ¿cuándo hablaste en lenguas por primera vez?, ¿cuándo sentiste ríos de agua viva? Haz una bitácora de tu vida con Él, jamás te acuestes sin una libreta al lado, listo(a) para anotar sus instrucciones. Él está desesperado, desea que sepas que Él siempre estará para ti y a tu lado por la eternidad, así será. ¡Amén!

10
Lloras, ríes, te entristeces, ¿por qué?

Una mañana, en mi tiempo de intimidad donde me encuentro con su presencia, estaba postrada llorando mucho, me sentía muy afligida ya que vivía una temporada difícil y muy triste para mí. Allí en llanto, donde no podía hablar, sentí un manto que me abrazó muy fuerte y lloró conmigo. Por un momento dije: me estoy volviendo loca, esto no puede ser, estoy sola aquí, pero podía sentir tan real y fuerte este gemir y abrazo que me daba paz y más ganas de llorar, pero de ternura. Supe inmediatamente que era Él, El Santo, lo sabía pues ya había sentido ese toque de amor años atrás. Lo que me sorprendía era que llorara y que estuviera triste por verme así.

Esto fue impresionante y un apoyo a mi dolor, aunque no niego que me turbé en medio de la paz. Sí, como le sucedió a Pedro caminando en medio de la tormenta. Sin embargo, he aprendido algo, cada experiencia que tengo debe ser validada por la Biblia, sino serán plenas imaginaciones; así que fui a las escrituras que Él mismo inspiró y me encontré con el versículo que expresa que Él intercede con gemidos indecibles por nosotros (Romanos 8:26). Supe que Él estaba

> ***Supe que Él estaba rogando al Padre y a Jesús por mí, que le hacía sentir mi dolor y mi frustración.***

rogando al Padre y a Jesús por mí, que le hacía sentir mi dolor y mi frustración. No me juzgó por sentirme débil, al contrario, me consoló porque le dejé saber que en mis fuerzas no superaría tal dolor.

Desde esta experiencia la cual valoro, cuido lo que hablo, pienso y siento, pues sé que esto lo aleja o lo acerca. Las personas con vocabulario morboso o impropio lo entristecen, porque Él es Santo y no puede permanecer en inmundicias, Él va al pecador para convencerlo de su pecado, pero no se queda en el fango con ellos.

La mayoría de los creyentes viven una vida confusa en Dios porque lo que hablan no representa lo que son, lo que creen, o lo que profesan. Su música es más placentera a la carne que al corazón de Dios y muchas veces con su ropa no representan ser hijos del Eterno. Establezco esto claro, no me refiero a pantalones o faldas, es mucho más que esto porque conozco quienes usan solo faldas, pero son tan ajustadas al cuerpo que no pueden caminar.

> *Apagamos al Espíritu cada vez que desea dirigirnos y no contamos con Él.*

"No apaguéis al Espíritu" (1 Tesalonicenses 5:19). Apagamos al Espíritu cada vez que desea dirigirnos y no contamos con Él. Apagamos su persona dentro de nosotros cada vez que le damos valor a otras voces. ¿Cómo puedes comunicarte con alguien que está en la azotea de tu casa mientras tú estás en el sótano? No hay forma de que puedas tener una relación funcional si le das validez a cualquier ruido y voz, pero no a la voz de su Espíritu. Profeta, pero ¿cómo es su voz?, ¿cómo puedo reconocerla? Muy fácil, Él es esta voz que habla dentro de ti, está adentro. Muchas veces pensarás que eres tú, y no es así. Sabes que es Él, cuando en la mañana suena la alarma del despertador y dentro de ti, está voz te dice: si no te levantas llegarás tarde. Te dirá no cruces el semáforo en rojo, no está bien hacerlo; no comas esos alimentos, no son buenos para ti; no hables más con esa persona, de otro modo te va a traicionar; no está bien sentarse con gente que habla mal de otros, que no aman a su prójimo.

Sí, amigo(a), Él es la voz de Dios, una voz que parece conocida, pero viene de adentro. ¿Recuerdas la historia de Samuel (1 Samuel 3)? Dios le llamó, sin embargo, él pensó que esta voz que venía de adentro era la de Elí porque le pareció conocida, pero era la voz del Espíritu de Dios llamándole. Elí, que ya conocía esa voz, le dijo: ***"Si te vuelve a llamar responde heme aquí",*** Elí sabía que la voz del Espíritu venía de adentro y que para poder identificarla debías pasar tiempo con Él.

Jesús no reveló todo sobre Él en la tierra, tres años no bastaron para regalarnos su totalidad. Él es el eterno, por lo tanto, se necesita la eternidad en nosotros para revelarlo, ¿me entiendes? El Espíritu Santo se entristece cuando no deseas conocer a Jesús pues es Él quien lo revela (Juan 14:26). Él desea que adoremos a Jesús, Él no recibe honra por lo que hace, Él es honrado por quien es. Él desea que seamos limpios, puros, sensibles, que amemos lo que Dios ama y que despreciemos lo que Dios desprecia; anhela que valoremos lo que Él nos ha dado sobre la tierra.

¿Sabías que el primer guía turístico sobre el agua y la tierra fue El Santo? Él sabía que la tierra era hermosa, aunque la conoció en desorden, sin embargo, Jesús (la palabra) se unió a Él para traer orden y embellecerla mientras el arquitecto (el Padre) soñaba lo que quería para nosotros. ¡Qué gran equipo! Crearon un paraíso lleno de árboles, animales y playas para nosotros y nos dieron un albacea que cuida de nosotros procurando que lo disfrutemos, que lo amemos y reconozcamos; todo esto por amor, no obstante, cuando no es valorado produce tristeza en Él.

"Y el Dios de esperanza os llene de todo gozo y paz en el creer, para que abundéis en esperanza por el poder del Espíritu Santo" (Romanos 15:13). Si existe alguien súper alegre y feliz lo es el Espíritu Santo y más aún cuando ve el propósito de Dios cumplirse en nosotros. Vemos como Él se manifiesta en Elízabeth al ver el propósito de María en acción. ***"Y aconteció que cuando oyó Elízabeth la salutación de María, la criatura saltó en su vientre; y Elízabeth fue llena del Espíritu Santo" (Lucas 1:41).*** Inmediatamente interrumpe el gozo, lo próximo es llenura del Espíritu. La antesala de su persona primeramente es el llanto (limpieza); luego si hemos fallado, tristeza (redargüir) y de repente un gozo acompañado de paz en el que te ríes sin que te hagan cosquillas, todo esto es Él.

Él es experto en cambiar nuestro lamento en danza. David danzaba en el Espíritu (Salmos 30:11), ¿qué quiere decir esto? Que este no era cualquier baile, sino uno diferente y lleno de gozo, era su manera de adorar las bondades de Dios, la protección de sus enemigos y agradecer como Dios lo llevaba al palacio, a lugar seguro. ¿Quién usted cree que guiaba a David?, ¿quién le hacía sentir tristeza cuando fallaba a Dios, al punto de hacer silicio?, ¿quién derramaba sobre él gozo cuando ganaba y cuando hacía la voluntad de Dios?, ¿quién lo inspiró a escribir himnos y Salmos? La misma persona dueña de este libro, nuestro amado Espíritu Santo.
Todo lo que ves aquí son cualidades muy humanas ¿verdad? Por

supuesto, Él es una persona, tiene corazón, sentimientos, es pura, es hermosa y es el mejor consejero que he conocido. Es una persona, no algo; merece respeto, que le recibamos en la iglesia de pie, que al leer el libro que Él inspiró llamado Biblia lo valoremos y leamos con seriedad, no como un periódico o como algo mágico, ¡No! Debemos honrarle y cuidar nuestra relación con Él; decirle buenos días, preguntarle si estamos bien vestidos o si vamos por buen camino; consultarle para saber si al Padre le agrada lo que estamos haciendo. Somos el único sector creado que desea manejarse fuera de su manual y guía (la Biblia y el Espíritu Santo), ambos muy unidos en esta función elemental y funcional del evangelio.

Anhelo que en este capítulo puedas tomar un espacio y decir, Él es una persona, necesito acercarme. Necesito hacerle feliz con mi amistad, me arrepiento de haberlo entristecido al ignorarlo porque no le dediqué tiempo, lo he dejado esperando; deseo estar con Él y que seamos uno. Deseo oírlo reír, gemir, no lo quiero apagar y menos entristecer. Deseo conocer en todas sus áreas a la persona del Espíritu Santo.

Somos el único sector creado que desea manejarse fuera de su manual y guía...

Te acompaño nuevamente en esta oración:

Me perdono y te pido perdón por tratarte como algo, cuando realmente eres alguien, perdóname, en el nombre de Jesús. Amén.

P.D. Espíritu Santo de Dios seremos grandes amigos.

11
Dueño de los dones

El libro de 1 Corintios nos habla claro de una parte de las funciones del Espíritu Santo como persona. Él es como todo jefe, al llegar a la empresa comienza a indicar en qué área funcionará cada cual y cuáles serán sus labores. Él es así, el gran empresario dueño de los dones. Él decide a quién dárselos y a quien no, a quién le dará más de uno o ninguno. Todos tenemos un don. ***"A cada uno se le da una manifestación del Espíritu para el bien de los demás" (1 Corintios 12:7 NVI).*** Ahora bien, hay diversidad de dones, pero un mismo Espíritu. Para ser buenos administradores de los regalos debemos demostrar al que los da, que cuidamos lo que Él atesora regalarnos.

Sé de muchos ministros llamados al evangelismo, pero no le hablan de Dios a nadie en su vecindario. Ellos desean un avión para ir a otra nación y desean canales de televisión, pero sus dones comienzan a menguar porque no ejercen el don desde una plataforma sencilla llamada casa, trabajo y vecindario. Prefieren ser conocidos antes que dar a conocer a quien los llamó de las tinieblas a la luz, quien los empoderó para empoderar.

En el libro de Mateo 25:14-30, vemos como alguien que valoró lo que se le entregó, lo multiplicó y se lo devolvió a quien se lo entregó. Tal vez me preguntarás, ¿cómo puedo devolver multiplicados los frutos que poseo? Ganándote almas, orando por los demás, sirviéndole a los pobres, a los presos, a las viudas y a los que no tienen nada. Pedro dijo: ***"No tengo oro ni plata, pero de lo que tengo te doy" (Hechos 3:6-8).*** ¿Qué tenía Pedro? Fe, y eso es un don, lo leemos en 1 Corintios 12:9, aunque le aconsejo que lea el capítulo completo. Ese regalo fue lo que activó la necesidad del paralítico. ¡Aleluya!

Posiblemente, muchas veces no tendrás para hacerle una compra de alimentos a una familia, pero si tendrás una oración de fe que activará tus finanzas y las de ellos. El dueño de los dones no desea que lo busquemos o amemos por lo que Él nos da o por el poder que imparte en nosotros; Él desea que nos relacionemos con Él por amor y Él como dueño de todo, nos entregará lo que Él sabe que podremos usar, valorar y multiplicar para ayudar a otros.

Si eres buen orador, pero solo deseas exponerte en coliseos y multitudes para ser visto, jamás experimentarás el poder que se siente cuando ganas un alma para Cristo sin que nadie te vea, sin que las luces estén y en donde el único testigo, sea el dueño de este poder que se te entregó para que esta persona llegue de la oscuridad a la luz. Si solo deseas sanar enfermos para recopilar sus sillas de ruedas y publicarlas en las redes sociales, jamás experimentarás la hermosa sensación de salir de un hospital luego de dejar a alguien caminando y recibir el agradecimiento de su familia.

> ***La fama de la unción no se multiplica por exhibición.***

La fama de la unción no se multiplica por exhibición. Quiero decir que por más que muestres lo que Dios hace a través de ti, no puedes subir a un nivel mayor en Dios mientras tu te exhibas. La unción se multiplica donde el necesitado no la promueve, sino que la absorbe donde es valorada, no por competencia, sino más bien por honra a quien la da. Hemos visto a través de los años, ministerios que comienzan en una gran gloria y con un poder increíble que les respalda; personas caen al suelo solo con el ministro pararse frente a ellos, los enfermos sanan al sonido de su voz, sin embargo, con el tiempo la unción en estos hombres de Dios mengua, ¿por qué? Porque toman el sacrificio como fama, el poder como si fuera de ellos, porque piensan que Dios les necesita olvidando que solo somos usados, meros colaboradores, no Cristo. Sin El Santo, no podríamos ejercer la asignación que debemos. Es muy importante entender que, si usted no baja a la fuente, jamás será el canal para que otros beban. Para nosotros mantenernos debemos entender que necesitamos conectarnos a quien nos engendra y nos forma.

> ***Sin El Santo, no podríamos ejercer la asignación que debemos.***

David dijo: ***"Como el ciervo brama por las corrientes de las aguas, así clama por ti, oh Dios, el alma mía" (Salmos 42:1-2).*** Cuando David establece esto, lo hace en referencia de un momento donde él necesitaba volver al terreno en donde conoció a su Señor. Los ciervos pueden subir a grandes alturas, pero luego de estar allí, necesitan volver a bajar con urgencia a los riachuelos que los hidratan. No importa cuanto suba el ciervo las montañas, con la velocidad que subió tendrá que bajar al principio para poder sostenerse. Esta es la situación que tenemos hoy, esta generación se esmera en subir, pero luego no sabe descender. No saben sostener el ayuno, no saben sostener la oración, la vigilia, el silicio. Sin estar en el suelo no se sube, el reino es al revés de lo natural, mientras más humillados estamos ante Él, más elevados estamos ante los demás.

El secreto es el código de encuentro (Mateo 6:6). Si esto le fuera revelado a muchos, entenderían que cuando salimos de ahí, salimos con las municiones que se prepararon adentro, en lo secreto. ¿Por qué hay tantos que gritan, pero que no transforman?, ¿por qué no hay liberaciones, salvación y sanidades constantes? Porque se ignora al dueño de los dones. Porque utilizan al Espíritu, pero no le conocen; porque no le escuchan y desean que Él los encienda sin ellos ser leña. La leña debe pasar por un proceso, primero crece débil, luego se fortalece y llega a ser un árbol; más adelante, según el fruto que se coseche permanece de pie. Cuando ya ha dado muchos frutos, se convierte en la madera más deseada y cara, pues esta será utilizada para iluminar chimeneas, para cocinar alimentos o para los muebles del palacio.

Ahora bien, esta madera es afinada, cortada, pulida y separada de las podridas para poder ser utilizada. Tenemos demasiada paja, pero poca madera. La paja se prende rápido, pero de igual forma se apaga de inmediato, hace mucho humo, pero poca sustancia. ¿Sabes quiénes operan como paja? Los que abren la Biblia solo para preparar un mensaje, estos son los que utilizan personas para subir y no van donde Dios a preguntarle: ¿qué es lo próximo que deseas que haga? Son los que tienen sustitutos, pero no presencia.

Vemos entonces como el dueño de los dones se aleja, los deja, no desea tener comunión con ellos, porque el mismo Espíritu honra a Jesús. El Espíritu da testimonio de Jesús no de Él mismo. No hemos entendido que el Padre da testimonio del Hijo, el Hijo del padre y el Espíritu de Jesús. ¿Y nosotros? Se supone que nosotros demos testimonio de los tres, pero al no conocerlos nos quedamos sin frutos y somos invisibles, ya que por sus frutos os conoceréis (Mateo 7 :16-19).

No podemos seguir ignorando que solo somos instrumentos utilizados por Dios y que mayor es el que está en nosotros. Pero lea bien y entienda, mayor es, el que está en nosotros. La pregunta es ¿Él está en ti?, ¿intimas con Él?, ¿lo conoces?, ¿sabes si aún está en ti? Haz una introspección y verifica: ¿desde cuándo no sientes a El Grande tan cerca?, ¿qué sucedió que ahora no lloras de gratitud al orar?, ¿qué ocurrió que ya no disfrutas de la oración y de estar en su presencia?, ¿qué provocó que sustituyeras al amado de tu alma por una agenda ministerial llena, por la TV, por las redes sociales o por estar de evento en evento?, ¿cuándo te darás cuenta que el dueño de los dones necesita estar en ti y contigo, que de nada vale ser y querer sin su poder? Él es el poder, la misma sustancia de Dios, quien te guía y quien te dice que predicar. No somos nosotros los dueños del poder y de los dones, es el Espíritu Santo. ¡Amén!

No podemos seguir ignorando que solo somos instrumentos utilizados por Dios y que mayor es el que está en nosotros.

Te invito a que te reconcilies con el fuego, con el agua, con el viento, con la persona del Espíritu para que puedas avanzar. Él es tu brújula, tu albacea, tu guardaespaldas, tu sello, quien te da fuerzas. Sin Él, no podrás seguir. Sin Jesús, nada podrás hacer (Juan 15). ¡Amén!

12
¿Cómo puedo ser tu amigo?

"Si ustedes, que son malos, saben dar cosas buenas a sus hijos, con mayor razón Dios, su Padre que está en el cielo, dará el Espíritu Santo a quienes se lo pidan" (Lucas 11:13). ¡Si alguno desea al Espíritu Santo pídalo al Padre! No es nada complicado pedirlo, menos recibirlo, lo más difícil es mantener la comunión con Él, esta es la gran tarea.

Posiblemente usted se preguntará, lo pido al Padre, pero ¿cómo se que ya está? Verificando que frutos muestras en tu diario vivir. Te daré un ejemplo: ¿amas tú a aquel que no ha nacido de nuevo?, ¿al que no cree en lo mismo que tú?, ¿sientes compasión por quien te dañó?, ¿respetas al que no es creyente?, ¿cuán fácil se te hace perdonar o bendecir a otros? Estas son acciones evidentes de aquellos que portan al Espíritu de Dios, Él es quien nos mantiene en unidad. Por el contrario, aquel que no perdona porta una raíz de división y este fruto no proviene de Dios.

En el libro de Hechos, los discípulos esperaron por la persona del Espíritu Santo. Pero una vez lo recibieron jamás volvieron a esperar. Ya Él los esperaba a ellos, porque cuando tienes una relación con Él, Él se acostumbra al encuentro, Él espera que le hables y que le cuentes tus planes, aunque sólo Dios hará que funcionen a través de su Espíritu.

Su llenura constante en nosotros es indispensable, por eso Él desea siempre estar en acción en nosotros. Esto lo vemos en los primeros capítulos del libro de los Hechos, los discípulos eran llenos de su poder constantemente luego de la primera vez, en especial Pedro (Hechos 2: 4, Hechos 4:8, Hechos 4:31, Hechos 13:52). O sea, usted puede pedir constantemente su llenura.

Por eso insisto debes tener una relación con Él. ¿Pero cómo logro ser su amigo? Como mencioné anteriormente, luego que lo pidas al Padre escoge días y horas específicas para tener encuentros con Él, especialmente en la noche, donde todos duermen para que no te molesten. Se constante en esta cita, Él llegará. Por más que tú le desees, Él te desea más a ti. Él es quien nos sostiene y es leal en revelar al Padre y a Jesús. Él no busca su propio mérito ni reconocimiento. Él no es como los hombres, Él es increíble. No solo anhela encontrarte, también desea que cuando llegues a buscarle e intimar entiendas que Él espera por ti.

Cuando voy a tener mi tiempo de intimidad con Él, le digo a mi familia: no abran la puerta estaré a solas con Él, una vez a solas estallo en llanto porque ya Él está, no hay cosa más hermosa que me suceda esto. ¿Puedes creerlo? Alguien tan simple teniendo el honor de llegar a ver a la persona más importante que podamos tener. No hay toque más hermoso que el de Él. No hay forma de explicar su ternura, palabras y amor, por más que desee explicarte tienes que vivirlo para entenderme. En Él perdí la timidez, la vergüenza y me volví alegre, me ha hecho sensible y aprendí a perdonar. Mientras más de Él en ti, más humilde serás. Es por esa razón, que sé quien porta al Espíritu pues hay algo común en ellos, humildad.

Todo lo que somos es por Él, Él nos da autoridad para predicar. En el libro de Hechos 16:6, el Espíritu Santo le prohibió a Pablo predicar en Asia. Pablo quería ir, pero el Espíritu le dijo no.

Me pregunto, ¿cómo podemos sostener un ministerio efectivo si no sabemos quién es Él? Él es quien nos guía para hacer nuestras asignaciones. Cuando el Espíritu Santo es el que opera, la gente es transformada, se convierten y desean cambiar. Ser elocuentes, utilizar la manipulación y tocar emociones para conseguir alguna reacción, no es transformación. He visto un sinnúmero de cosas que no provienen de Él que hacen los ministros, cuando no logran mover lo que sus ojos desean ver.

> ***Cuando el Espíritu Santo es el que opera, la gente es transformada, se convierten y desean cambiar.***

Hace años ministré en una iglesia donde no hubo ninguna reacción. El pueblo no decía amén, no aplaudía, aparentemente no sucedía nada y en mi naturaleza sentía que era un desastre, sin embargo, alguien dentro de mí me decía sigue, no te detengas. Recuerdo que terminé de predicar, entregué la parte y al finalizar me fui muy triste, el Señor me estaba educando. Varios días después, recibí un mensaje de esa congregación informándome de cómo personas fueron sanadas y libres sin gritar y sin ninguna reacción visible. El Pastor fue sano de un infarto cerebral, nadie vio nada, pero allí estaba Él, sanando y libertando a través de la palabra. La gente estaba siendo impactada en el Espíritu. No siempre es a nuestro modo.
Al estudiar este mismo versículo que mencionamos al principio, observamos que más adelante Pablo pudo ir a Asia pues esta ciudad ya

estaba lista para recibir al Espíritu a través del mensaje de Pablo. ¿Me entendió? Somos quienes portamos al Espíritu y Él habla a través de nosotros; pero Él decide cuando hacernos hablar. ¡Dios mío que gran privilegio!

Él es nuestra promesa, y una promesa es un pacto (Efesios 1:13), es la garantía de algo que no importa lo que tarde, llegará. Eso fue lo que Jesús nos regaló, una promesa, una persona. ¡Qué honor!, tenemos la cobertura en los cielos (Padre e Hijo) y en la tierra (Espíritu Santo). Dar por poco al Espíritu Santo es dar por poco el amor del Padre por medio de Jesús para con nosotros. Nuestro Salvador mismo le llama el Consolador, aquel que confortará nuestra alma en momentos duros y aquel que te escuchará cuando no tienes palabras.

Dar por poco al Espíritu Santo es dar por poco el amor del Padre por medio de Jesús para con nosotros.

Cuando comencé a escribir este libro me encontraba en una temporada dolorosa, bueno en realidad la más dolorosa que había vivido. Aunque Dios me había advertido que me preparara, pues mi segundo libro sería un golpe al infierno, jamás se está preparado para estar frente al mismo diablo y sus principados. No envió a su ejército solamente, sino que esta vez se presentó él también; esta línea le será de revelación a algún lector.

En medio de esa temporada, entré un día a mi lugar de encuentro sin fuerzas, el dolor era tan fuerte que me dolía mi cuerpo. Recuerdo que literalmente entré gateando, prácticamente me arrastré en el suelo. Al entrar comencé a llorar en posición fetal y me vi dentro del vientre de Dios. Por favor no tome esto en broma, lo que escribo es real. Su Santo Espíritu se posó frente a mí, ¿sabes qué me dijo? "¡Llora, se vale llorar!", me abrazó, comenzó a llorar conmigo y me dijo: "Se que te duele y que es difícil, Jesús vivió y padeció este mismo dolor". Sentía sus abrazos y su mano sobre mi espalda, el Consolador me estaba consolando y yo podía sentir cómo le dolía mi sufrimiento. No estuve sola en el dolor, Él lo compartió conmigo, no lo quitó; sufrió conmigo, lloró conmigo. ***"El amor es sufrido, no tiene envidia, todo lo soporta, no busca lo suyo, no se goza de la injusticia, todo lo espera, el amor no deja de ser..." (1 Corintios 13).*** ¿Qué amor es este? ¿Humano? No, solo el amor que proviene de Jesús es así. Solo Él.

Más allá de ser tu amigo es tu compañero. No puedes tener iniquidad en ti y portar su persona, no puedes amar más la iglesia que al dueño de ella, no puedes querer ser, sin tener a quien es, ¡No! Ser su amigo consiste en no fallarle, en no dejarle plantado a diario, en reunirte con Él, en llegar a tiempo, en apagar el celular y el televisor y separarte para Él. La mentira no puede habitar en ti y esto lo hablo varias veces en este libro, porque quien maneja la mentira, no hará espacio para la verdad, que es Él. Debes amar lo menospreciado, debes levantar al caído, tus finanzas no son tuyas son de Dios. Sé de personas que atesoran más su cuenta de banco y ahorros que su relación con Él; incluso cuando Él les dice da, reprenden al diablo como si él fuera el que estuviese hablando. Si eres de los que no te agrada dar, ya tienes una raíz diabólica pues fue el Padre el primero que dio (Juan 3:16).

Si deseas ser su amigo, le preguntarás a dónde ir, qué ropa ponerte o cómo debes hablar; en resumen, pedirás permiso al cielo para moverte, pues ¿de qué te vale llegar a un lugar sin su presencia y su autorización? "Solo un navegante loco y necio sale a la mar sin su brújula". Terminé de escribir este libro en un avión. Tenía una asignación en una

> ***Más allá de ser tu amigo es tu compañero.***

ciudad y aunque llegué muy tarde al aeropuerto debido a cambios en el horario, Dios me permitió abordar; no tan solo eso, sino que para mi sorpresa el asiento disponible era en primera clase. Rápidamente comencé a escribir, pero recuerdo que necesitaba confirmar que en efecto este libro era su voluntad y un dolor de cabeza al infierno (porque la verdad te hace libre y el conocimiento no te permite ser necio). Lo que yo desconocía era que mi amado Espíritu Santo, tenía mi respuesta y confirmación en ese avión.

Había allí una azafata muy alta, de voz fuerte y tono elevado, al verla Dios me dijo: "Ora por ella". De inmediato le dije: Señor esta mujer no habla español, ¿cómo lo haré? Me dijo: "Solo escúchala". En ese momento me turbé y le dije: me pides que ore, pero me dices que solo escuche. A veces Dios nos da instrucciones irracionales. Continué escribiendo mientras la azafata comenzó a servir los alimentos, de repente se sentó frente a mí. Yo no domino el idioma inglés totalmente, pero esta mujer me miró y me dijo: "Dama usted está escribiendo un libro". Yo quedé en 'shock' porque ella no podía ver lo que hacía, solo me vio con el aparato electrónico.

En ese momento le dije: sí señora, a lo que me contestó: "No te pregunté, sé que lo estás escribiendo porque el Espíritu Santo me lo dijo en el oído". En ese momento, yo no sabía si tirarme del avión o levitar, así que comencé a llorar. Ella continuó, "Él me habla, aunque no todos me creen. Yo soy evangelista y Dios me tiene en los aviones para darle palabra de ciencia a sus ungidos, me tiene aquí ministrando. Soy hija de pastores".

Tal vez usted dirá, pero Profeta, ¿cómo entendió? Bueno, ¿recuerda lo que Dios me había dicho? Solo escucha. El Espíritu Santo es el dueño de los dones, en el libro de los Hechos Él vino sobre los discípulos quienes hablaron en diferentes lenguas. Yo escuchaba a esta mujer claramente y la entendía como si estuviera hablando español. Ella volvió y me repitió: "A veces no me creen que el Espíritu me habla", yo la miré y le dije: sí le creo. Ella no sabía quién era yo, si era cristiana o no, ni que libro era. Cuando le dije que en efecto estaba escribiendo un libro, comenzó a reírse bien alto y fuerte y sus compañeros de vuelo trataron de callarla, pero ella no hizo caso. El Espíritu estaba en control de ella. Luego me terminó casi de matar, cuando a toda voz dijo: "Usted es Profeta, usted carga la oficina de Profeta, el Espíritu me lo está diciendo". Yo estaba emocionada, pero a la vez casi debajo del asiento pues esta mujer prácticamente estaba gritando. Todo el vuelo supo que era a mí a quién hablaba. En ese momento y con el uso del traductor, le hablé una palabra de parte de Dios. Al terminar me dijo: "Eres Profeta lo que tú me acabas de decir solo Dios lo sabe, los Profetas hablan lo que solo Dios sabe y el hombre desconoce". Luego me pidió mi número telefónico y me dijo: "Te volveré a ver".

Salí de aquel avión corriendo, temblando, pálida y muy emocionada, agradecida del Espíritu Santo y convencida de que este libro te cambiará la vida, la forma de verlo, de escucharlo y de conocerlo. Usted se preguntará, ¿por qué reaccioné así? Temblorosa, porque soy humana, porque tengo emociones, porque a mi también Dios me habla y me sorprende, y porque usa a sus hijos para ayudarme.

No tengo la menor duda que luego que leas este libro tu vida cambiará, tendrás una visita de su persona esta misma semana al terminar este libro. Verás que Él te sorprenderá. Oro a Dios para que tu vida sea tan impactada por Él, como lo fue la mía, que seas una persona sensible y amorosa a mayores escalas. Que veas la vida como un gran regalo y privilegio que no merecemos y que jamás, pero jamás, vivas sin el

Espíritu Santo, aquel que desea habitar en ti. Dios te bendiga, te espero en la habitación, con amor, El Espíritu Santo.

Notas

¿QUIÉN ERES? ¿QUIÉN SOY?

1. "Blasfemia" (s.f.). En: Significados.com. Disponible en: https://www.significados.com/blasfemia/ Consultado agosto 16 2018, 9:05pm. p. 11.

2. "Habitatio" (s.f). En: Deconceptos.com. Disponible en: https://deconceptos.com/ciencias-juridicas/habitacion. Consultado agosto 16 2018, 9:50pm. p.14.

LA VERDAD ES EL VÍNCULO

1. "Comunión" (s.f). En: Bibliatododiccionario.com. Disponible en: https://www.bibliatodo.com/Diccionario-biblico/comunion. Consultado diciembre 4, 2018, 11:00pm. p. 21.

2. "Verdad" (s.f.). En: Significados.com. Disponible en: https://www.significados.com/verdad/. Consultado diciembre 4, 2018, 11:07pm. p.25.

Tu salvación es muy valiosa, si te has apartado, si nunca has recibido a nuestro Señor Jesús en tu corazón, te invito a tomar la mejor decisión de tu vida.

Oración por Salvación

Señor Jesús, te entrego mi vida y todo lo que soy. Perdona mis pecados, mis pensamientos incorrectos y mi mal proceder. Me arrepiento de todo lo que he hecho y de haber estado apartado(a) de tu presencia. Desde hoy, escribe mi nombre en el libro de la vida, sé que me amas y que te podré ver cara a cara. Permíteme tener comunión con la persona del Espíritu Santo y hazme digno(a) de tu nombre.

¡Solo Tú serás mi Dios!

En el nombre de Jesús ¡AMÉN!

Permítenos Conocerte

Si este libro ha sido una herramienta de bendición para ti; si has aceptado al Señor Jesús luego de hacer la oración antes mencionada, nos gustaría saberlo.

Escríbenos a: **ritaariasministries@gmail.com** o contáctanos a través de nuestra página ministerial en Facebook: **Rita Arias Ministerio Profético & Evangelístico.**

Made in United States
Orlando, FL
22 September 2023